LA CENSURE

ET

LA POLICE DES LIVRES EN FRANCE

SOUS L'ANCIEN RÉGIME

UNE SAISIE DE LIVRES A AGEN

EN 1775

PAR

JULES ANDRIEU

MEMBRE DE LA SOCIÉTÉ DES SCIENCES, LETTRES ET ARTS D'AGEN

AGEN

J. MICHEL ET MÉDAN, LIBRAIRES-ÉDITEURS

16, Rue Pont-de-Garonne, 16

1884

LA CENSURE

ET LA POLICE DES LIVRES EN FRANCÉ

A MON EXCELLENT

MAITRE ET AMI

M. PHILIPPE TAMIZEY DE LARROQUE

Correspondant de l'Institut de France

LA CENSURE

ET

LA POLICE DES LIVRES EN FRANCE

SOUS L'ANCIEN RÉGIME

—·o·✳·o·—

UNE SAISIE DE LIVRES A AGEN

EN 1775

PAR

JULES ANDRIEU

MEMBRE DE LA SOCIÉTÉ DES SCIENCES, LETTRES ET ARTS D'AGEN

〜〜〜〜〜〜〜〜〜〜〜

AGEN

J. MICHEL ET MÉDAN, LIBRAIRES-ÉDITEURS

16, Rue Pont-de-Garonne, 16

1884

PRÉFACE.

La saisie de livres opérée à Agen le 27 octobre 1775, en vertu d'une commission rogatoire des Jurats de Bordeaux, n'est pas seulement un petit fait local plus ou moins intéressant; c'est aussi un exemple assez curieux de l'application des règlements sur la police de l'imprimerie et de la librairie.

Il m'a semblé, dès lors, qu'une courte notice sur ce chapitre de notre histoire bibliographique pouvait accompagner utilement la relation de l'épisode agenais.

J. A.

Agen, 1884.

LA CENSURE

ET LA POLICE DES LIVRES EN FRANCE

SOUS L'ANCIEN RÉGIME·

UNE SAISIE DE LIVRES A AGEN

EN 1775.

I

La Censure et la police des livres en France avant le XVIIIe siècle.

A peu près inconnue des Anciens, qui se bornaient à ordonner la destruction par le feu des écrits contraires aux idées reçues, la Censure, comme institution, ne date réellement que de l'invention de l'imprimerie au xve siècle.

Les immunités que Charles VI accordait à la Basoche en 1402, immunités qui, peu à peu retirées puis rétablies sous Louis XII, furent réglementées par François Ier et ses successeurs, appartiennent à une autre histoire que celle des livres.[1]

La Censure du théâtre et celle des écrits ne sauraient, en effet, être confondues. Presque égales sous Henri IV, elles prirent bientôt des voies et des allures fort différentes. — A l'heure où elle

---

[1] V. *Histoire de la Censure théâtrale en France*, par Hallays-Dabot (Paris, Dentu, 1862, in-12). L'auteur a donné un complément à cet ouvrage : *La Censure dramatique et le théâtre. Histoire des vingt dernières années* (1850-1870). (Paris, Dentu, 1871, in-12).

affirmait son indulgence pour les turlupinades de Tabarin et de Gauthier Garguille, l'autorité se montrait ombrageuse et intraitable pour les moindres écarts de plume.

J'éloignerai donc la question du théâtre tout à fait étrangère à mon sujet, et m'attacherai uniquement à examiner en quelques mots le sort des livres.

L'immense impulsion que l'imprimerie vint donner à la propagation des idées et au commerce des livres devait naturellement inspirer des craintes de plusieurs sortes, et, dès 1480, on voit Mérula, dans une lettre à son ami Politien, rêver d'une censure semblable à celle que projetait Platon.

La première ordonnance portant création de censeurs est due à Berthold, archevêque de Mayence, et date de 1486.

Le contrôle fut, en principe, exclusivement religieux, visant les points d'orthodoxie, s'alarmant des plus bénignes tendances et fulminant, par exemple, contre l'immortel chef-d'œuvre de Cervantes. Il fut d'abord exercé en France par la Faculté de théologie de Paris.

Nos libraires faisaient partie de l'Université ; ils en avaient les privilèges que, par un édit donné à Blois le 9 août 1513, Louis XII vint confirmer. Mais les abus se multipliaient, les écrits interlopes eurent toutes les audaces, et François I⁰ᵉ outragé, obéissant à des inspirations violentes, à une exaspération personnelle, alla jusqu'à ordonner, en 1535, la fermeture de toutes les librairies de son royaume sous peine de mort.

Des actes royaux de 1547, 1551, 1552, 27 juin 1553 et septembre 1557 vinrent réglementer étroitement l'imprimerie et la librairie françaises.

Outre le nom de l'auteur, tout écrit devait porter le nom de l'imprimeur, son domicile, sa marque et la date du tirage. Une copie signée des ouvrages autorisés restait entre les mains des censeurs qui examinaient encore après l'impression. Le libraire ne pouvait vendre que les articles portés sur les deux catalogues de son magasin, dont l'un se composait uniquement de livres approuvés par l'Eglise. Il lui était formellement interdit de rien recevoir des contrées hétérodoxes, et l'autorité ecclésiastique assistait à l'ouverture des paquets arrivant de pays catholiques.

Alors la publication et la vente de livres ou gravures non autorisés étaient passibles de la peine de mort.

Charles IX renouvela ces proscriptions sévères le 10 septembre 1563, et encore en 1566 et 1571.

La pénalité rigoureuse fut d'ailleurs plusieurs fois appliquée. Je n'ai pas à dresser ici un martyrologe bibliographique ; qu'il me suffise de citer le malheureux *Martin L'Hommet* qui, en 1560 (arrêt du 13 juillet) , fut pendu à Paris pour avoir imprimé et mis en vente un pamphlet contre les Guises : *Epistre envoiée au Tigre de la France* (s. l. n. d., pet. in-8o de 7 ff.).[1]

Henri IV, à son avènement, apporta quelque adoucissement à ce régime draconien. L'Université ne fut plus chargée que de l'examen des écrits religieux, les autres restant justiciables du maître des requêtes d'abord et jusqu'en 1624, puis de quatre docteurs choisis par le roi dans la Faculté de théologie. Plus tard, le chancelier fut libre de choisir lui-même les censeurs.

On sait que le nombre des imprimeurs et des libraires était très limité et qu'aucun ouvrage ne pouvait paraître alors sans cette formule bien connue, signée par un des censeurs : « J'ai lu, par ordre de Msr le Chancelier, un manuscrit qui a pour titre : ... — Je n'y ai rien trouvé qui puisse en empêcher l'impression. »

Richelieu, si faible pour les œuvres dramatiques, se montra terrible pour les livres. En 1626, la peine de mort fut à nouveau édictée, à son instigation, contre les auteurs et distributeurs d'écrits contraires à la religion ou à l'autorité royale. C'était une addition au règlement promulgué en 1618 et que devait reprendre et munitieusement codifier Louis XIV en 1686 et 1688 ; c'était surtout et toujours ce régime du plus parfait arbitraire qui, malgré ses restrictions inouïes, malgré ses pénalités exagérées, resta impuissant et inefficace.

La pensée semblait devoir perdre tout élan, toute originalité et toute saveur sous une tutelle assez étroite pour faire dire à La Bruyère : « Un homme né français et chrétien est fort embarrassé

---

[1] Un pauvre marchand de Rouen fut pendu peu après pour s'être apitoyé sur le sort de *L'Hommet* quand on le conduisait au gibet.

Je rappelle encore le compagnon imprimeur *Rambault* qui, le 19 novembre 1694, fut soumis à la question et pendu avec le garçon relieur *Larcher*: pour l'impression et la vente d'un libelle qui dut blesser vivement Louis XIV : *L'Ombre de M. Scarron.*

pour écrire, les grands sujets lui étant interdits. » Mais l'esprit parvenait à éluder ces difficultés formidables, et en dépit des ordonnances et des censeurs, les écrits les plus audacieux, les satires les plus piquantes, les libelles les plus virulents circulaient en France sous le manteau. Les auteurs demandaient aux presses étrangères l'impression de leurs œuvres qui se répandaient ensuite clandestinement d'un bout à l'autre du pays.

Cette supercherie prit peu à peu une extension singulière. Elle était vraiment trop préjudiciable aux intérêts de l'industrie nationale pour que celle-ci ne la considérât pas avec regret ; aussi ne tarde-t-on pas à la voir participer à la fraude en exécutant secrètement des impressions affublées de noms de lieux fantaisistes ou supposés.

Malgré tout, la librairie française sut acquérir une réputation considérable dès le xvie siècle.[1] Cette notoriété fut-elle due aux prescriptions spéciales visant les conditions matérielles des éditions ? On serait, ma foi, presque tenté de le croire.

L'article 3, titre ii de l'édit de 1686 s'exprime ainsi :

« Tous les libraires et imprimeurs imprimeront ou feront imprimer les livres en beaux caractères, sur de bons papiers et bien corrects. »

L'article 40, titre vi du même édit ajoute :

« Aucun ne pourra à l'avenir tenir imprimerie ou boutique de librairie à Paris qu'il ne soit congru en langue latine et ne sache lire le grec. »

Voilà certes de sages dispositions dont la liberté moderne a par trop complètement exonéré l'industrie du livre.

---

[1] V. les *Curiosités bibliographiques*, par Lud. Lalanne (Paris, Ad. Delahays, 1857, in-18).

II

La censure et la police des livres en France au xviiie siècle.

L'histoire de la censure en France pendant le xviiie siécle est particuliérement curieuse.

L'arrèt du Conseil du 6 décembre 1700 venait de réglementer à outrance contre ce qu'il qualiflait de *mauvais livres*, désignation assez élastique pour légitimer tous les abus. Il rappelait notamment la prescription antérieure, renouvelée par l'édit de Juillet 1688, relative au nombre des libraires, prescription reproduite encore par l'édit du 21 juillet 1704. On voulait surtout empêcher l'introduction en France des innombrables impressions étrangéres qui affluaient sans cesse, en dépit de toutes les mesures répressives.

Il fut heureux pour l'industrie nationale qu'un esprit plus libéral arrivât enfin au pouvoir.

Une ordonnance de 1723 due au chancelier d'Aguesseau resta en vigueur jusqu'en 1789, mais non sans avoir été bien des fois modiflée, notamment en 1757, et par une foule d'arrêts du Conseil dont les plus importants sont ceux de 1777.

Le nombre des libraires devint peu à peu illimité, mais leur admission restait soumise à diverses conditions de religion, de mœurs et de savoir. En dernier lieu, les priviléges étaient fixés à 1,000 livres et le brevet d'imprimeur à 1,500 livres.

Ces dispositions, que l'Assemblée nationale abrogea en 1791 en décrétant la libre concurrence, n'avaient guère transformé le régime d'arbitraire existant depuis l'origine. L'obligation de l'autorisation préalable restait maintenue et conduisait plus que jamais les auteurs à la dissimulation et aux supercheries. Malesherbes, complice bienveillant de cette fraude, était tellement persuadé de l'inefficacité de la censure, qu'il présenta au roi un projet d'ordonnance très libérale sur l'imprimerie.

La quantité des ouvrages affublés de noms de lieux mensongers ou inventés devint prodigieuse. La censure fermait quelque peu les yeux sur cette pratique ou ébauchait mollement une action tardive : c'était là comme une sorte de tolérance tacite dont profitait notre industrie. — Un incident vint tout compromettre.

En 1758, le censeur Tercier laissa passer l'*Esprit* d'Helvétius. L'ouvrage souleva un *tollé* général, déchaîna une véritable tempête ; il dut être supprimé par un arrêt du Conseil, et la sévérité, un moment écartée, fut remise à l'ordre du jour.

Dès l'année 1741, les censeurs royaux, alors au nombre de 79, avaient été classés en commissions spéciales. Le groupe le plus nombreux, composé de 35 membres, était chargé des belles-lettres. Or, le vice principal de cette organisation qui resta invariable jusqu'à la Révolution fut certainement le mode de recrutement des titulaires, lesquels n'offraient souvent ni la surface, ni la moralité, ni la garantie de savoir qu'impliquait un tel rôle.

Crébillon fils fut censeur. L'auteur du *Sopha* devint un jour le gardien des mœurs publiques, et la plume qui venait d'écrire les grivoiseries que l'on sait délivrait bravement des certificats de morale.

Celui-là et bien d'autres ne semblent pas avoir pris trop au sérieux le mandat dont ils étaient investis. Ils ne touchaient souvent aux manuscrits présentés que pour rédiger l'approbation, ou n'hésitaient pas à se reposer sur un comparse quelconque du soin de les suppléer dans leur examen. Les preuves en sont nombreuses et piquantes. J'ai parlé plus haut du livre d'Helvétius ; qu'il me suffise de rappeler l'*imprimatur* épique rédigé par Crébillon lui-même sur une traduction française du Coran :

« J'ai lu, par ordre de Mgr le Chancelier, l'ouvrage intitulé *Coran*, par le sieur Mahomet, et n'y ai rien trouvé de contraire à la religion et aux bonnes mœurs. »

En 1744, Saugrain, syndic de la librairie parisienne, publia un recueil toujours curieux à consulter sur les conditions successives de la censure française depuis son origine : *Code de la librairie et imprimerie de Paris, ou Conférence du Règlement arrêté au Conseil d'État du Roi avec les anciennes ordonnances, édits, déclarations, arrêts, règlements et jugements rendus au sujet de la librairie et de l'imprimerie depuis l'an 1332 jusqu'à présent.*

Ce livre est la plus complète et la plus fidèle des histoires du livre en France. Il donne exactement la marche des idées et des tendances ; il dit le sort précaire des ouvriers de la pensée, auteurs et auxiliaires.

Sous le régime de cette réglementation formidable où les mesures prohibitives s'accumulaient avec une ardeur, un acharnement inouï, l'écrivain était comme un paria voué à l'exécration du pouvoir, et sa pensée ne pouvait émerger impunément du cercle étroit qui la comprimait. Le moindre écart, la plus faible velléité d'émancipation le conduisait vers des dangers dont la protection des grands ne parvint pas toujours à le préserver.[1] L'imprimeur et le libraire étaient l'objet d'une surveillance incessante, d'une inquisition redoutable ; toute infraction aux prescriptions sans nombre qui les concernaient pouvait avoir de terribles conséquences. Et cependant l'œuvre du progrès humain se ralentit à peine ! Le flot montait toujours, noyant les digues impuissantes qu'il devait rompre ensuite, tournant les obstacles que plus tard il renverserait, et se dirigeant, irrésistible, vers le but inconnu que Dieu lui a fixé...

Les cahiers de 1789 réclamaient la liberté de la presse. L'Assemblée constituante en formula le principe écrit dans la Constitution de 1791 et reproduit dans celle du 5 Fructidor an III ; mais le Conseil des Cinq-Cents rétablit la censure après le coup d'Etat du 5 septembre 1797, et l'Empire se montra plus sévère encore par le décret du 5 février 1810 dont les dispositions furent surtout exagérées vers son déclin.

------

[1] Que d'auteurs martyrisés, pendus, brûlés pour de simples pécadilles de plume ! La liste en a, je crois, été dressée. Je note seulement : *Pierre Desgais de Belleville*, pendu et brûlé à l'âge de 70 ans, en 1584, pour quelques vers contre le roi ; *Chavigny*, enfermé pendant 30 ans dans une cage de fer pour son *Cochon mitré* (1684, in-16) dirigé contre Le Tellier ; *Geoffroy Vallée*, pendu et brûlé le 9 janvier 1574 pour son *Fléo de la foy* (in-8° de 16 p.) ; *Simon Marin*, brûlé le 14 mars 1663 pour son livre des *Pensées* (1647, in-8°), etc., etc.
Du reste, la calomnie avait le jeu facile et les persécutions qu'elle valut à Théophile et autres pourraient être ici rappelées.

Ici, sur le seuil des nouveaux âges, s'arrête mon modeste programme. Je n'ai pas à indiquer, avec les divers essais tentés sous la Restauration, les dernières phases d'une réglementation archaïque.

Aujourd'hui, la censure telle que l'ancienne monarchie la comprit n'est plus qu'un lointain souvenir.[1]

---

[1] L'imprimerie et la librairie sont actuellement régies par la nouvelle loi du 29 juillet 1881, la plus libérale qui ait été promulguée.

III

L'Imprimerie et la Librairie en Guyenne au XVIII⁰ siècle.

Avant de parler de la saisie opérée à Agen en 1775, il convient de s'arrêter un instant aux conditions dans lesquelles s'exerçait l'industrie du livre dans notre région à cette époque.

Un magistrat bordelais, auteur de travaux historiques et juridiques très remarquables, M. Brives-Cazes, a publié récemment sur ce sujet une excellente étude [1] à laquelle je ferai quelques emprunts.

Ce qui se passait alors en Guyenne était exactement conforme aux pratiques des autres provinces de France.

J'ai déjà parlé des arrêts ou édits de 1688, 1700 et 1704. Ces actes limitaient à dix le nombre des imprimeurs bordelais et n'en accordaient qu'un seul aux autres villes principales de ce gouvernement, telles que Agen, Cahors, Condom, Périgueux, etc.

Bordeaux était un des points d'arrivage désignés par l'arrêt du Conseil du 11 juin 1710 pour les livres venant de l'étranger, arrivages soumis à des formalités sans nombre et à un contrôle minutieux. Les saisies, déjà si fréquentes depuis les pamphlets nés de la constitution *Unigenitus*, allaient se multiplier encore, et les colporteurs d'écrits protestants étaient surtout l'objet de rigueurs extrêmes.

Cette fraude du colportage prenait, du. reste, des proportions de plus en plus grandes. Les libraires en souffraient sans doute dans leur commerce ; mais ils l'utilisaient eux-mêmes pour s'approvisionner d'ouvrages prohibés, articles dangereux dont les hardis nomades étaient toujours bien pourvus.

---

[1] *De la police des livres en Guyenne* (1713-1785) (Bordeaux, imp. G. Gounouilhou, 1883, in-8⁰ de 156 pages).

2

En 1767, vu l'insuccès des mesures répressives, la nomination d'un inspecteur de la librairie dans notre province fut résolue. On choisit pour ce poste difficile un avocat bordelais, M. de Lalanne, qui n'accepta que sous la réserve *de pouvoir se faire remplacer pendant la saison des vendanges*. Le nouveau fonctionnaire fut loin d'ailleurs de déployer un zèle exagéré, puisqu'en 1774 M. de Sartines se plaignait vivement de son silence.

L'essai parut suffire au Chancelier. M. de Lalanne étant mort en 1774 et ne devant pas être remplacé, l'intendant Esmangard attribua lui-même ladite surveillance à Bordeaux à l'abbé Desbiey qui, en 1777, devint bibliothécaire de cette ville.

Cette institution n'eut donc pas plus d'efficacité en Guyenne qu'elle n'en avait eu ailleurs. La contrebande conservait le même caractère, la même importance, et l'autorité dut continuer à recourir fréquemment à des mesures spéciales, au nombre desquelles figure surtout la réduction du nombre des imprimeurs et des libraires.

En ce qui concerne notre région, cette restriction ne pouvait guère être pratiquée ; mais il est néanmoins intéressant de s'informer des notes et appréciations auxquelles les enquêtes conduisaient dans ces circonstances.

A propos de recherches prescrites en 1742 par le Chancelier relativement aux impressions clandestines, l'intendant Boucher ne voulait pas admettre que cet abus pût exister dans sa généralité, où, disait-il, l'imprimerie avait si peu d'importance en dehors de Bordeaux que les Evêques faisaient imprimer leurs mandements dans cette ville.[1] Toutefois, dès le 26 février, il transmettait à ses subdélégués des ordres précis, et recevait en mars du subdélégué d'Agen une réponse que je résumerai d'après M. Brives-Cazes.[2] Cela nous donne une idée exacte de l'imprimerie agenaise à cette date :

Le seul imprimeur qu'il y eût alors à Agen (Raymond Gayau) travaillait peu. Son débit consistait à peu près uniquement en livres reçus de Paris ou d'ailleurs. A l'une des dernières visites qui avaient été faites dans son atelier, on l'avait trouvé imprimant un *Ordo* et un

---

[1] Archives du département de la Gironde, C. 3308.

[2] *La Police des livres en Guyenne*, p. 83.

catéchisme pour le diocèse d'Agen, un formulaire de quittances pour le receveur des tailles et des exploits de saisie pour le paiement de ces dernières.

Les archives de l'Intendance de Bordeaux contiennent de nombreux documents de cette espèce qu'il serait curieux d'exhumer.

Je citerai encore les deux suivants :

A l'occasion d'une circulaire du 31 mai 1758 du chancelier Lamoignon rééditant le règlement du 31 mars 1739 sur le nombre des imprimeurs, Tourny fils réclama à ses subdélégués des états nominatifs et détaillés.

Bordeaux comptait toujours dix imprimeries ; mais à Agen, — comme du reste à Périgueux et à Condom, — il n'y en avait qu'une seule, appartenant à Raymond Gayau, autorisé en 1739. L'atelier possédait deux presses et sept genres de caractères, plus fleurons, culs de lampes, etc. Le rapport reconnaissait l'utilité de cette imprimerie.[1]

Les libraires, ai-je dit, n'obtenaient pas une part moindre de la sollicitude administrative.

Le vice-chancelier de Maupeou projetait en 1768 une réforme de la librairie. D'après les instructions qu'il adressa le 2 mai à l'intendant Fargès, de nouveaux états furent dressés suivant un modèle uniforme.

La lettre du Vice-Chancelier dénonçait la résolution d'arriver graduellement et par voie d'extinction à une réduction du nombre des libraires, dont l'exagération, disait-il, rendait la surveillance difficile, alors que le commerce des livres utiles se trouvait fort compromis par la concurrence étrangère. Il s'agissait donc de proportionner les places de libraires dans chaque ville aux besoins des habitants et de l'exportation.[2]

La réponse de l'Intendant est du 28 décembre 1768. Je ne puiserai dans les états produits que ces seules indications :

Bordeaux : Dix imprimeurs-libraires et dix-huit libraires qu'on propose de réduire au même nombre que les imprimeurs.

---

[1] Archives de la Gironde, C. 3312.
[2] V. Brives-Cazes, page 125.

Agen : Un imprimeur-libraire et un libraire. L'annotation, tout en estimant qu'il y a lieu de les conserver, constate que les abus du colportage rendent leur situation très précaire.

Condom et Périgueux étaient dans la même situation.[1]

Il ne me paraît pas d'ailleurs que, depuis 1545, date de sa première impression connue, jusqu'à la fin du dernier siècle, Agen ait souvent compté à la fois plus d'un imprimeur-libraire résidant.

Cette question sera traitée aussi complètement que possible dans un article spécial de la *Bibliographie générale de l'Agenais* actuellement en préparation. Je me borne à citer ici quelques noms et quelques dates.

Comme imprimeurs, on rencontre :

Antoine Reboulh,	en	1540
Arnauld Villole,	—	1552
Antoine Pomaret,	—	1612
Raymond Fumadères,	—	1629
Jean Gayau,	—	1639
Bertrand Fumadères,	—	1652
Jean Bru,	—	1672
Thimothée Gayau,	—	1684
Raymond Gayau,	—	1727
Jean Noubel,	—	1766

La succession des libraires débitant est moins facile à établir.

Le premier qui me soit connu est l'ami du poète La Pujade :[2] *Barthard*, à qui Brunet attribue le petit poème de 1589 sur le siège du Passage-d'Agen par les Huguenots.[3]

---

[1] Archiv. dép. C. 3312.

[2] *Antoine de La Pujade*, secrétaire des finances de la reine Marguerite, auteur des *OEuvres chrestiennes* (1604), etc., était né à Agen, vers 1556 ; il mourut après 1629.

[3] *Discours du siège mis par les Huguenots devant le Passage-d'Agen, au mois de juillet 1589, vaillamment soutenu contre eux par M. le marquis de Villars* (Tolose, chez Raymond Colomiez, 1589, petit in-8°).

Un autre nom de libraire agenais : *Jean de La Place* parait en 1648 sur le frontispice des *Heures des Pénitens de Sainct Louys*,[1] imprimées par Jean Gayau.

Je citerai enfin *Jean Boé*, libraire et relieur du xviii° siècle, à qui advint en 1775 la mésaventure qu'il me reste à raconter.

---

[1] *Heures des Pénitens de Sainct Louys, avec un Formulaire d'Oraisons et Litanies.* (Agen, 1648, in-12 de 682 et 35 pp.).

IV

Une saisie de livres à Agen en 1775.

Le 3 octobre 1775, les syndics de la librairie bordelaise dressaient un procès-verbal au sujet du contenu d'une caisse et d'un ballot qu'on venait d'introduire dans Bordeaux et où se trouvaient divers ouvrages : *Héro et Léandre*, poème de Musée ; [1] les *Historiettes ou Nouvelles en vers*, par Imbert, [2] et principalement de nombreux exemplaires d'un libelle ayant pour titre : *L'Ombre de Louis XV au tribunal de Minos.*

L'enquête des jurats établit que ces ouvrages avaient été importés par un garçon imprimeur nommé Raymond Roche, lequel déclara avoir vendu plusieurs exemplaires de l'*Ombre de Louis XV* à deux libraires d'Agen : *Boé* et la *Veuve Noubel.*

Ordre fut naturellement donné aussitôt de rechercher ces libraires. Il s'agissait de venger la mémoire de Louis XV, avec qui semblait avoir sombré le prestige séculaire de la monarchie. Les pamphlets surgissaient de tous côtés; Bordeaux en était infestés et l'émoi causé par la *Gazette de Cythère* [3] se calmait à peine : il impor-

---

[1] M. Brives-Cazes suppose que ce devait être la traduction de Moutonnet de Clairfons, parue en 1774. Cette hypothèse me paraît être tout à fait probable.

[2] Les *Historiettes* d'Imbert, l'auteur bien connu du *Jugement de Paris*, avaient été imprimées en 1774, in-8°.

[3] *La Gazette de Cythère* ou *Histoire secrète de la comtesse Du Barry* (Londres, J.-F. Bernard, 1774 et 1775, in-8o.). — Ce pamphlet, d'une violence extrême, avait été répandu à profusion. En Janvier 1775, on en saisit 60 exemplaires chez le libraire Calamy qui fut interdit pour un an.

tait donc d'affirmer le zèle sur lequel comptait le garde des sceaux, M. de Miromesnil, qu'on avait immédiatement prévenu.

Les pièces officielles relatives à cette procédure sont curieuses à parcourir. Elles font partie des Archives du département de la Gironde (C. 3313 et 3315) auxquelles les lecteurs désireux de tout connaître pourront recourir. Je ne me m'occuperai ici que de l'épisode agenais.

En même temps que le subdélégué était saisi de l'affaire, les jurats de Bordeaux adressaient aux consuls d'Agen la communication suivante :

« A Messieurs les Maire et Consuls d'Agen.

Bordeaux, ce 16 octobre 1775.

Messieurs,

Nous fîmes arrêter, le trois de ce mois, le nommé Jean-Raymond Roche, garçon imprimeur, au pouvoir duquel il fut trouvé une malle pleine de brochures intitulées *L'Ombre de Louis XV au tribunal de Minos*, et comme ce garçon a chargé dans son audition le sieur Bouët, marchand libraire de votre ville, nous avons ordre de la Cour d'user de la plus grande vigilance pour découvrir les auteurs dudit ouvrage et imprimé ; c'est pourquoy nous vous prions de vouloir agir sur le champ, et de faire arrêter ledit sieur Bouët, ainsi que tous les ouvrages qui vous paraitront n'être pas revêtus d'une permission d'imprimer.

Nous vous prions pareillement de faire verbal du tout, et de prendre de lui une audition, et de nous en donner avis incessamment, parce que le ministère, qui à les yeux ouvert là dessus, ne manquera pas de nous en demander souvent des nouvelles.

Nous attendons tout de votre zèle pour le bon ordre et pour la vindicte d'un crime d'autant plus grand qu'il intéresse la maison royale.

Nous avons l'honneur d'être, Messieurs, vos très humbles et très

obéissants serviteurs. Les maire , lieutenant de maire et jurats gouverneurs de Bordeaux.

> VALENS , *jurat, pour le*
> *secrétaire de la ville absent.* [1] »

Qu'était-ce donc que ce libelle qualifié crime d'Etat et objet de si ardentes poursuites? Mes recherches les plus actives, mes investigations les plus minutieuses n'ont pu me le faire découvrir [2]

Sa destruction fut-elle vraiment complète au point de n'en laisser échapper aucun exemplaire?

L'Ombre de Louis XV au tribunal de Minos est très probablement un écrit perdu. Il n'avait sans doute pour tout mérite qu'une violence facile à supposer, et on s'imagine aisément les aménités de toute sorte que le libelliste anonyme devait prodiguer à la mémoire du feu roi.

Quoi qu'il en soit, l'autorité agenaise, stimulée à la fois par le subdélégué et par les jurats de Bordeaux, s'empressa d'agir. Le 27 octobre 1775 eut lieu une visite du magasin et du domicile de Boé, suivie de la saisie de quarante-six ouvrages non autorisés et de l'arrestation du malheureux libraire.

Il n'avait été découvert cependant chez lui aucune trace de la brochure incriminée; pas plus là d'ailleurs que chez la Veuve Noubel, où des recherches eurent également lieu.

Le procès-verbal dressé à cette occasion est curieux à plus d'un titre. Je le reproduis intégralement dans son orthographe et dans sa forme :

« Par devant-nous, messire Jean-Baptiste Raignac de Varennes, chevalier de l'Ordre royal et militaire de St-Louis, major d'infanterie et lieutenant de maire de la ville et jurisdiction d'Agen, et Alexandre de Cambes, consul, étant à Agen et dans la chambre du

---

[1] Cette pièce , comme toute celles qui vont suivre , fait partie des Archives de l'Hôtel-de-Ville d'Agen. (Liasse FF. 124.)

[2] Il est resté inconnu à Barbier, et M. Brives-Cazes n'a pas été plus heureux que moi-même.

Conseil de l'hostel de ville, ce jourdhuy vingt-septième octobre, mil sept cent soixante-quinze, à l'heure de deux de relevée, écrivant M° Barthélemy Boissié, secrétaire greffier commis de la communauté, s'est présenté le sieur Semezar, procureur syndic de ladite ville et communauté d'Agen, lequel nous a dit avoir pris communication d'une lettre écrite au corps de ville par messieurs les maire, lieutenant de maire et jurats de Bordeaux, dattée du jour d'hier, signée : *Valens jurat pour le secrétaire de la ville absent*, reçue par le courrier de ce jour, D'après laquelle il requiert que nous ayons à nous transporter tout présentement dans la maison du sieur Boé, marchand libraire et relieur de cette ville, située sur la rue St-Antoine, paroisse St-Hilaire, pour y procéder sur la réquisition ainsy qu'il appartiendra.

Semezar, procureur syndic.

Sur quoy, Nous, Lieutenant de maire et consul susdits, vu la lettre cy dessus énoncée avec son enveloppe aux armes de la ville de Bordeaux sur cire ardente, faisant droit de la réquisition dudit procureur syndic, ordonnons que nous nous transporterons tout présentement en sa compagnie et de notre greffier, suivis du capitaine et soldats du guet, à la maison dudit Boé, libraire et relieur, pour être procédé sur la réquisition dudit procureur; syndic ainsy qu'il appartiendra.

Varennes, *Lᵗ de Maᵗʳe.*   Cambes, *consul.*

Et à l'instant sommes partis dudit hôtel de ville, en compagnie et suivis comme dessus et transportés à la maison dudit Boé, libraire et relieur située sur ladite rue St-Antoine, paroisse de St-Hilaire, où étant parvenus et entrés dans la boutique dudit Boé, l'avons trouvé occupé à la reliure, et sur la réquisition dudit procureur syndic, avons de luy pris le serment au cas requis et accoutumé, d'après lequel et sur la même réquisition luy avons ordonné de nous représenter tous les ouvrages qu'il pouvoit avoir n'être pas revêtus d'une permission d'imprimer, ce qu'il a fait tout de suite; et après avoir généralement parcouru, non seulement tout ce qui étoit dans sa boutique, mais encore dans toutes les chambres, cabinets, armoires et coffres de sa maison, soit des apartemens par luy occupés;

soit de ceux que deux différens locataires occupent, nous n'avons trouvé de cette nature que ceux dont le détail suit : [1]

1° Un exemplaire d'une brochure en deux volumes qui a pour tittre : *La Jolie femme ou la jolie femme du jour*, imprimée à Bordeaux, chez R. Le Maître, libraire, Fossé du Chapeau-Rouge, en 1776 (sic).[2]

2° Quatre exemplaires d'une brochure qui a pour titre : *La Capitale des Gaules* ou *la Nouvelle Babilonne*, imprimée à La Haye, en 1752.[3]

3° Deux exemplaires de l'*Anti-Babilonne* ou *Réponse à l'auteur de la Capitale des Gaules*, imprimée à Londres, en 1759.[4]

4° Quatre exemplaires d'une brochure intitulée : *La Noblesse*

---

[1] On peut être un excellent greffier et un bibliographe fort médiocre ; le lecteur en à la preuve sous les yeux. Ce catalogue est rédigé avec une ignorance aussi complète que possible de la science des livres : les titres sont altérés ou dénaturés et l'orthographe a des soubresauts surprenants qu'il a fallu modérer. Je vais m'efforcer, dans mes annotations, de rétablir exactement les textes.

[2] *La Jolie femme ou la Femme du jour* (Lyon et Rouen, 1769 ; Amsterdam et Paris, même date ; Lyon, Deville, 1770 ; Toulouse, 1778, 2 parties in-12).
Cet ouvrage, que Ersch attribue à L. S. Mercier, est de *Nicolas Thomas Barthe*, l'auteur des *Fausses infidélités*. Thomas Barthe, né à Marseille en 1734, mort à Paris en 1785, a laissé des comédies généralement médiocres et des poésies faciles et estimées. Un choix de ces dernières a été publié par René Perrin (Paris, 1880, in-18) et M. Fayolle a donné en 1811 des *Œuvres choisies* (Paris, in-12). — Barbier n'a pas connu l'édition de Bordeaux citée ici avec une date évidemment erronée.

[3] *La Capitale des Gaules, ou la Nouvelle Babylone* (La Haye, 1740, 1759, 2 parties in-12). Je ne connais pas l'édition de 1752.
Cet ouvrage est dû à *Fougeret de Montbron*, né à Péronne, mort en 1761. Ce littérateur servit pendant quelques années dans les gardes du corps. C'était un hargneux misanthrope. — Outre l'ouvrage ci-dessus, on lui doit une *Henriade travestie* (Paris, 1745, in-12), un pamphlet rageur : *Le Cosmopolite* (1750), etc. Quelques romans licencieux parus sans nom d'auteur lui sont attribués.

[4] *L'Anti-Babylone ou Réponse à l'auteur de la Capitale des Gaules* (Lon-

militaire, ou *le Patriote françois* , imprimée en 1756 , sans indication du lieu.[1]

5° Un exemplaire d'une brochure intitulée : *Mémoire théologique et politique au sujet des mariages clandestins des protestans de France* , imprimée en 1756 , sans indication du lieu.[2]

6° Un exemplaire d'une brochure qui a pour titre : *Le Tableau du Siècle, par un auteur connu*, imprimée à Genève en 1759.[3]

---

dres , 1759, in-12 de 76 p.). Par *Ange Goudar,* né à Montpellier, mort en 1791.

Cet écrivain assez fécond, auteur de *l'Espion français à Londres* (1779, 2 v. in-12), etc., acquit plus de célébrité dans sa vie privée que dans sa carrière littéraire. Sa femme, une jolie veuve anglaise qui devint la maîtresse de Ferdinand roi de Naples, à laissé plusieurs écrits réunies sous le titre d'*Œuvres mêlées* (Amsterdam , 1777, 2 v. in-12).

[1] *La Noblesse militaire,* ou *le Patriote français opposé à la noblesse commerçante* (s. l., 1756, in-12).

Ouvrage de *Philippe-Auguste de Sainte-Foix , chevalier d'Arc*, fils naturel du comte de Toulouse. Ce littérateur fut exilé à Tulle où il mourut en 1779.

On doit au chevallier d'Arc divers ouvrages. *La Noblesse militaire* n'a paru qu'en partie C'est une réfutation de la *Noblesse commerçante* de l'abbé Coyer (v. le n° 31).

[2] *Mémoire théologique et politique au sujet des mariages clandestins des protestans de France, où l'on fait voir qu'il est de l'intérêt de l'Eglise et de l'Etat de faire cesser ces sortes de mariages , en établissant pour les protestans une nouvelle forme de se marier, qui ne blesse point leur conscience et qui n'intéresse point celle des évêques et des curés* s. l., 1755, in-8° de 141 pp.) 2° éd. revue et corr. (s. l., 1756, in-8° de 142 pp., et in-12, de 129 pp.).

Ce mémoire , successivement attribué par Fevret de Fontette à Galafrey et par Beaucousin à l'avocat Pierre de Ridant, est une œuvre due à la collaboration du magistrat *Ripert de Monclar* et de l'abbé *Quesnel.*

Le marquis de Ripert de Monclar, né à Aix en 1711, procureur général du parlement de Provence et adversaire déclaré des jésuites, avait traité la partie politique ; Pierre Quesnel, de Dieppe (1699-1774), écrivit la partie théologique. Ce Quesnel, voyageur infatigable, était aidé dans ses travaux par son frère, mort à la Bastille vers 1750.

[3] *Tableau du Siècle,* par un auteur connu. (Genève (Paris), 1754, 1757, 1759, in-12).

Cet ouvrage satirique ne manque pas d'esprit. Il a pour auteur *Nolivos*

7° Un exemplaire d'une brochure qui a pour titre : *Considérations sur le commerce et la navigation de la Grande-Bretagne*, ouvrage traduit de l'anglais de M. Joshua-Géo, sur la quatrième édition, imprimée à Londres en 1749.[1]

8° Deux exemplaires d'une brochure qui a pour titre : *Histoire de Tom Jones* ou *l'Enfant trouvé*, trad. de l'Anglais de M. Fielding par M. P., en trois volumes, imprimée à Londres, chez Jean Longe, en 1750.[2]

9° Deux exemplaires d'une brochure en deux volumes qui a pour titre : *Lettres perçales (sic)*, nouvelle édition imprimée à Cologne, chez Pierre Marteau, imprimeur-libraire près le collège des Jésuites, en 1754.[3]

-----

de Saint-Cyr, ancien capitaine, chevalier de St-Louis, mort aux Invalides en 1808, à l'âge de 77 ans.

Barbier raconte que ce M. de Saint-Cyr, neveu de Nolivos, l'ancien gouverneur de Saint-Domingue, avait été très lié avec d'Holbach et qu'il fut l'amant de sa femme jusqu'à la fin.

Le vieux guerrier se vantait par trop en se qualifiant d'*auteur connu*.

La *France littéraire* de 1769 attribue le *Tableau du Siècle* au comédien Laval.

Considérations sur le commerce et la navigation de la Grande-Bretagne, trad. de l'anglais de Josua-Gée. (Londres, 1749, in-12). On connaît une autre édition de cet ouvrage : Genève, Philibert, 1750, in-12.

Par J.-B. de Secondat, le fils de Montesquieu, né à Martillac en 1716, mort à Bordeaux en 1796. On sait que ce baron de Secondat fut un agronome distingué.

[1] Cette traduction française du célèbre roman de Fielding est probablement la première qui en ait été faite, puisqu'elle date de la même année que l'édition anglaise originale (1750).

Le chef-d'œuvre de Fielding a eu des éditions nombreuses et les traductions en notre langue se sont multipliées; mais celle de Léon de Wailly Paris, Charpentier, 1846, in-12) a fait oublier toutes les autres.

Je ne connais pas le nom du traducteur de 1750, indiqué par l'initiale P. dans l'édition ci-dessus.

[2] Le chef-d'œuvre d'esprit, la fine satire de l'immortel auteur de l'*Esprit des Lois* est trop connue pour qu'il soit utile d'en parler dans ces notes.

La première édition des *Lettres Persanes* est de Cologne, Pierre Marteau, 1721, in-12. Le même éditeur les a reproduites en 1730, 1751 et 1754, et

10· Trois exemplaires d'une brochure qui a pour titre : *Delfinie (sic)*, imprimée à Kiansi, en 1759.[1]

11° Deux exemplaires d'une brochure qui a pour titre : *La naissance de Clincan et de sa fille Méroppe, compte (sic) allégorique et critique*, imprimée en 1764, sans indication du lieu.[2]

12° Deux exemplaires d'une brochure qui a pour titre : *Lettre d'un magistrat de Francfort à un Rhingrave sur l'élection faite à Francfort le 13 septembre 1745.*[3]

13· Trois exemplaires d'une brochure qui a pour titre: *Histoire des Croisades,* par M. Arouet de Voltaire, avec la critique, imprimée à Berlin, en 1751.[4]

---

une nouvelle édition augmentée de plusieurs lettres parut à Amsterdam en 1761, en 2 volumes in-12.

Dans son *Eloge historique*, d'Alembert dit que les premières éditions renferment quelques lettres qui ne sont pas de Montesquieu.

Ce nom touche de trop près à l'Agenais pour que celui-ci ne cherche pas à retenir quelques rayons de sa gloire. Je reviendrai ailleurs sur ce sujet.

Les *Lettres Persanes* furent écrites par Montesquieu au château du Grand-Vivens, près de Clairac, chez le chevalier François de Vivens, un ami qui lui fut toujours cher.

[1] Voilà très probablement un titre maltraité au point d'être rendu méconnaissable. J'ignore donc quelle est la signification exacte de cette mention que je suis forcé d'abandonner. En écrivant *Delfinie*, aurait-on voulu écrire *Delphine*? Serait-ce un roman perdu ?

[2] *La Naissance de Clinquant et de sa fille Mérope, conte allégorique et critique* (s. l. 1744, in-12). Si la date de 1764 n'est pas erronée, c'est celle d'une édition perdue.

Ouvrage agréable de *Claude Godard d'Aucour,* né à Langres en 1716, mort à Paris en 1795.

D'abord fermier général, puis receveur général des finances à Alençon, Godard d'Aucour cultiva toujours les lettres et publia un assez grand nombre d'ouvrages et quelques comédies. L'œuvre la plus connue de ce spirituel financier a pour titre : *Mémoires turcs, avec l'histoire galante de deux jeunes Turcs durant leur séjour en France* (Amsterdam, 1743, 2 vol. in-12). Plusieurs éditions.

[3] Cette lettre, inconnue à Quérard et à Barbier, a défié toutes mes recherches.

[4] *L'Histoire des Croisades* parut d'abord dans le *Mercure,* de septembre

14° Un exemplaire d'une brochure qui a pour titre : *Les Vrays plaisirs ou les Amours de Vénus et d'Adon s*, imprimée à Paphos, en 1748.[1]

15° Deux exemplaires d'une brochure qui a pour titre : *Le Patriote anglois, ou Réflex ons sur les hostilités que la France reproche à l'Angleterre et sur la réponse de nos ministres au d rnier mémo.re de S. M. T. C.*, ouvrage traduit de l'anglois de John Telltruth par un avocat au parlement de Paris, imprimée à Genève, en 1756.[2]

16° Un exemplaire d'une brochure qui a pour titre : *La Noblesse oisive*, imprimée en 1756 , sans désignation du lieu.[3]

1750 à février 1751. Les *Mémoires de Trévoux* (octobre et novembre 1750) publièrent trois lettres sur cette histoire qui forme les chapitres LIII à LIX de l'*Essai sur les Mœurs et l'Esprit des nations.*

L'onctueux Nonnotte a maladroitement daubé sur cette étude dans le chap. 18 du tome I de ses *Erreurs de M. de Voltaire* (Avignon, 1762, 2 vol. in-12.)

[1] *Les Vrays plaisirs ou les Amours de Vénus et d'Adonis.* (Paphos (Paris), 1748; Amsterdam, 1755, in-12).

L'ouvrage a paru plus tard sous cet autre titre : *Adonis, poëme* (Paris, Musier, 1775, in-8°). Frontispice, figures et vignettes d'Eisen.

Imitation en prose du viii° chant de l'*Adone* du cavalier Marin, due à la collaboration de Fréron et de Colbert d'Estouteville.

On connaît Fréron et son *Année littéraire.* – Colbert, comte d'Estouteville, mort vers 1760, était un petit-fils du célèbre ministre de Louis XIV. On a de lui une traduction de la *Divine Comédie*, publiée par Sallier en 1798 (Paris, in-8°) et qui eut peu de succès.

[2] Ouvrage de l'abbé *Jean-Bernard Le Blanc* (Genève (Paris), 1756, in-12).

L'abbé Leblanc , né à Dijon en 1707 et mort à Paris en 1781 , fut nommé par les soins de Mme de Pompadour historiographe des bâtiments du roi, simple prétexte à émoluments.

Servile ou arrogant selon les circonstances, cet abbé de cour paraît avoir été un des plus grands bavards de son temps. Il rimait en dépit des Muses et son inspiration ne dépassa guère la note mirlitonesque. Ses écrits en prose ont quelque mérite. Le plus connu a pour titre : *Lettres d'un Français sur les Anglais* (Paris, 1745, 3 vol. in-12 . Outre le *Patriote anglais*, on lui doit plusieurs traductions d'écrits politiques.

[3] *La Noblesse oisive* est une réponse de Marc-Antoine-Jacques Rochon de Chabannes à la *Noblesse commerçante* de l'abbé Coyer. Elle parut, en effet, en 1756 (s. l., in-12 de 23 pp).

Rochon de Chabannes , né à Paris en 1730 , mort en 1800 , entra dans les

17° Un exemplaire d'une brochure qui a pour titre : *Zadig* ou *la destinée, histoire orientale*, par M. de Voltaire; deuxième édition revue et corrigée, imprimée en 1749, sans désignation du lieu.[1]

18° Trois exemplaires d'une brochure qui a pour titre : *La vie de Philippe d'Orléans, petit-fils de France, régent du royaume pendant la minorité de Louis quinze*, par M. L. M. D. M. Tome premier, imprimé à Londres, aux dépens de la Compagnie, en 1738.[2]

19° Deux exemplaires d'une brochure qui a pour titre : *Histoire de Maurice comte de Saxe, maréchal général des camps et armées du Roy de Sa Majesté très chrétienne, Duc élu de Courlande et de Semigalle, chevalier des ordres de Pologne et de Saxe, contenant toutes les particularités de sa vie depuis sa naissance;* imprimée à à Mittau en 1752.[3]

---

bureaux du ministère des Affaires étrangères et fut nommé Chargé d'affaires de France à Dresde en 1770. Ce fut un auteur dramatique assez fécond et qui connut le succès. Il a été fort maltraité par La Harpe. Sous le titre de *Théâtre*, on a publié neuf de ses meilleures pièces (Paris, 1775-80, 2 vol. in-8°).

[1] Ce roman philosophique de Voltaire est bien connu. La première édition est de 1747, in-12.

[2] Cette Vie du Régent est du Père *La Mothe*, connu sous le nom de *La Hode*, historien, né vers 1680, mort en 1740.

Professeur d'abord, ce jésuite se livra avec un très grand succès à la prédication et fut exilé en 1715 pour un sermon dirigé contre le Régent.

En Hollande, où il se mit à la solde des libraires, il prit le nom de *La Hode* et publia divers ouvrages.

La *Vie de Philippe d'Orléans* parut à Londres en 1736, en 2 vol. in-12. On cite deux autres éditions de 1737 et 1738.

L'ouvrage le plus connu de La Mothe est une *Histoire de Louis XIV* restée inachevée et dont Voltaire s'est spirituellement moqué. Ce livre qui, en 1740, eut deux éditions simultanées (La Haye, 5 vol. in-4°; Basle et Francfort, 6 vol. in-4°) fut, dit-on, vendu en même temps à deux éditeurs.

[3] L'*Histoire de Maurice, comte de Saxe..... enrichie des plans de bataille de Fontenoy et de Laweldt* (Mittau, 1752, 3 vol. in-12; Dresde, Walder, 1755, 2 vol. in-12) est due à *Louis-Balthazar Néel*, né à Rouen en 1695, mort en 1754.

Néel, poète médiocre, est encore l'auteur d'une *Histoire de Louis duc d'Orléans* (1753) et de ce charmant badinage tant de fois réimprimé : *Voyage*

20° Deux exemplaires d'une brochure qui a pour titre : *Mémoires du Comte de Cominges*, imprimée à La Haye, chez J. Neaulme, libraire, en 1736.[1]

21° Deux exemplaires d'une brochure qui a pour titre : *Voyages en l'autre monde, ou Nouvelles litérères (sic) de celuy-cy.* Deuxième édition revue et corrigée, imprimée à Londres et se trouve à Paris, chez Duchêne, libraire, rue Saint-Jacques, au dessous de la fontaine Saint-Benoit, au Temple du Bouc, en 1753.[2]

----

de Paris à Saint-Cloud par mer et retour de Saint-Cloud à Paris par terre (La Haye, 1748, in-12).

On a une autre *Histore de Maurice, comte de Saxe* (Paris, 1755, 3 vol. in-4°), par le général baron d'Espagnac, de Brive-la-Gaillarde (1713-1783).

[1] Le meilleur ouvrage de madame de Tencin et un des romans les plus remarquables du xviii° siècle. Quelques critiques n'hésitent pas à le comparer au chef-d'œuvre de madame de La Fayette : *La Princesse de Clèves.*

Les *Mémoires du Comte de Comminges*, dont Baculard d'Arnaud a tiré le sujet d'une tragédie, furent imprimés pour la première fois en 1735 (in-12).

La marquise de Tencin (Claudine-Alexandrine Guérin), née à Grenoble en 1681, mourut à Paris en 1749.

[2] Ouvrage critique du jésuite Joseph de La Porte, publié sous deux titres différents : *Voyage dans l'autre monde, ou Nouvelles littéraires de celui-ci* (Londres et Paris, 1753, 2 vol. in-12) et *Voyage au séjour des ombres* (La Haye, 1750, g. in-8° de 90 pp. ; Paris, 1750 et 1777, in-12).

Ce compilateur célèbre, né à Belfort en 1713, mort à Paris en 1779, fut tour à tour le collaborateur de Fréron à l'*Année littéraire* et son rival parfois heureux avec les *Observations sur la littérature moderne* (La Haye [Paris], 1749 et suiv., 9 vol. in-12), et l'*Observateur littéraire* (Paris, 1759-61, 15 vol. in-12).

L'abbé de La Porte a laissé de nombreux travaux dont les plus connus sont les vingt-six premiers volumes du *Voyageur français* (Paris, 1765-95, 42 vol. in-12) ; l'*Esprit de l'Encyclopédie* (Paris, 1768, 5 vol. in-12) ; *la Nouvelle Bibliothèque d'un homme de goût* (Paris, 1777, 4 vol. in-12), etc.

22° Quatre exemplaires d'une brochure qui a pour titre : *Le Portefeuille rendu*, ou *Lettres historiques*, par mademoiselle S...., imprimée à Londres, en 1750.[1]

23° Un exemplaire d'une brochure qui a pour titre: *Le petit Prophète de Boehmischbroda, le correcteur des bouffons et la guerre de l'opéra*, imprimée en 1755, sans désignation du lieu.[2]

24° Deux exemplaires d'une brochure en quatre volumes qui a pour titre : *Les Epoux malheureux* ou *Histoire de M. et Madame de Labédoyère, écrite par un ami.* Nouvelle édition, imprimée à La Haye, en 1764.[3]

---

[1] *Le Portefeuille rendu*, ou *Lettres historiques* (Paris, 1749, 2 vol. in-12). Roman de Françoise-Thérèse Bumérie de Saint-Phallier, femme du botaniste et physicien Thomas-François Dalibard, née à Paris, morte en 1757. On doit encore à cette dame un autre roman : les *Caprices du sort* 1(750) et un recueil de *Poésies* (1751).

[2] La première édition du *Petit Prophète de Boehmischbroda* fut publiée sans lieu ni date, en une brochure in-8° de 58 pages. L'édition de 1753, s. l., est également in-8° et de 48 pages. Je ne connais pas celle de 1755 qui, si la date est exacte, doit être une réimpression de la précédente. On cite encore une édition de La Haye, 1774, in-12; puis la réimpression dans le *Supplément à la Correspondance de Grimm* donné par A. A. Barbier (Paris, Potey, 1814, in-8°).

Ce spirituel opuscule fut, comme on sait, le premier succès littéraire de Grimm.

L'arrivée à Paris de la première troupe de chanteurs italiens avait divisé le public en deux camps: d'un côté les partisans de la musique française; de l'autre ceux de la musique italienne. Grimm et Rousseau étaient les plus ardents parmi ces derniers. La lutte s'échauffait et le piquant pamphlet de Grimm, jeté dans la mêlée, eut un retentissement immense.

[3] *Les Époux malheureux* ou *l'Histoire du mariage de M. de La Bédoyère, écrite par un ami* (La Haye, (Paris) 1745, in-12). Ceci est la première édition; le titre se modifie un peu ensuite et devient conforme à la mention ci-dessus. De 1745 à 1780, on compte une douzaine d'éditions imprimées à

25° Un exemplaire d'une brochure qui a pour titre : *Le Quart d'heure d'une jolie femme* ou *les Amusemens de la toilette*, imprimée à Genève, chez Antoine Philibert, en 1761.[1]

26° Un exemplaire d'une brochure qui a pour titre : *Les Œuvres de M. Gresset*, nouvelle édition, imprimée à Vienne, chez Garhat Vergnes, imprimeur-libraire, en 1613.[2]

Paris sous la rubrique de La Haye. Les premières n'avaient que deux volumes; on en ajouta plus tard deux autres contenant le plaidoyer de l'avocat Huchet de La Bédoyère et les pièces du procès.

C'est un des moins mauvais romans du trop sensible Baculard d'Arnaud, le coryphée du genre larmoyant et lugubre, l'auteur des *Délassements de l'homme sensible*.

Cet écrivain mortellement ennuyeux avait été un enfant prodige. A peine âgé de neuf ans, il versifiait très agréablement, et Voltaire, qui plus tard joignit ses mordantes railleries à celles de Beaumarchais, avait commencé par le protéger.

François-Thomas-Marie de Baculard d'Arnaud était né à Paris en 1718 ; l mourut en 1805.

La vie littéraire de celui qu'on appela vers la fin l'*Ancêtre de la littérature*, ne laisse pas d'être curieuse. Après Voltaire, qui ne lui pardonna jamais les faveurs de Frédéric de Prusse, d'autres et notamment Monselet (*Les Oubliés et les Dédaignés*) lui ont consacré des notices ironiques.

Les œuvres soporifiques de Baculard d'Arnaud furent publiées à Paris en 1772-83 (12 vol. in-8°), et en 1803 (23 vol. in-12).

[1] *Le Quart d'heure d'une jolie femme* ou *les Amusements de la toilette*, par Mlle de***, *précédé d'une Préface sur la comédie.* (Genève, Ant. Philibert [Paris], 1753, in-12). Plusieurs éditions.

L'auteur de cette insanité est *François Antoine Chevrier*, né à Nancy vers 1720, mort à Rotterdam en 1762, pamphlétaire violent et écrivain licencieux qui dut fuir jusqu'en Hollande les haines récoltées à Paris.

Il a publié quelques travaux historiques sur la Lorraine. Ses écrits scandaleux ont été réunis en partie sous le titre de *Œuvres complètes de C...* (Londres [Bruxelles], 1774, 3 volumes in-12).

[2] Les diverses œuvres de Gresset furent d'abord imprimées séparément

27e Un exemplaire en quatre volumes d'une brochure qui a pour titre: *Paméla* ou *la Vertu récompensée, traduit de l'anglois ;* imprimée à Londres, en 1742.[1]

28° Un exemplaire d'une brochure qui a pour titre: *Curiosités de*

---

dans les journaux du temps. Le recueil indiqué ici contient sans doute les principales compositions du poète, à l'exception du *Méchant* qui ne parut qu'en 1747.

Jean-Baptiste-Louis Gresset, né à Amiens en 1709, mourut en 1771. Ses *Œuvres complétes* ont été imprimées par Fayolle en 1803 (3 vol. in-18) ; par Renouard en 1811 (2 vol. in-8°), par De Bure en 1826 (3 vol. in-32), etc. Des *Œuvres choisies* ont été données par Campenon en 1822 (in-8o) et par Ch. Nodier en 1852 (in-12). M. Beauvillé a publié en 1863 des *Œuvres inédites* (in-8°).

[1] Traduction due à l'auteur de *Manon Lescaut.* Richardson avait publié cet ouvrage en 1740; l'abbé Prévost le traduisit deux ans plus tard : *Paméla ou la Vertu récompensée, trad. de l'anglais de Richardson* (Londres [Paris], Osborne, 1742, 4 vol. in-12). Il fut réimprimé à Amsterdam en 1744 et l'édition de 1810 (Paris, 2 vol. in-8°) porte le nom du traducteur.

Ce roman, plusieurs fois traduit (Monod, Letourneur, etc.), a eu de nombreuses éditions.

La traduction de 1742 a été attribuée à Aubert de La Chesnaye-Desbois par M. Haureau dans son *Histoire littéraire du Maine.* (édition de 1870, t. I).

L'abbé Antoine-François Prévost d'Exiles, né à Hesdin en 1697, mort en 1763, est trop connu pour m'arrêter ici longuement. Tour à tour jésuite, soldat, bénédictin, théologien et transfuge, il eut une existence accidentée et incohérente. Son bagage littéraire ne compte pas moins de deux cents volumes. Parmi ses nombreux ouvrages, on apprécie surtout, outre *Manon Lescaut* (1733), son chef-d'œuvre tant de fois réimprimé : l'*Histoire générale des Voyages* (1745-70, 20 vol. in-4o et 80 volumes in-12), remaniée par La Harpe ; les *Mémoires d'un homme de qualité* (1728-56, 8 volumes in-12); les *Mémoires de Cleveland* (1742-77, 6 vol. in-12); le *Doyen de Killerine* (1735-39. 6 vol. in-12), etc.

Londres et de l'Angleterre, traduit de l'anglois de l'édition de 1763 ; imprimée à Bordeaux, chez la veuve Calami, en 1765.[1]

29° Deux exemplaires d'une brochure qui a pour titre : *Les Jeux de Cadrille (sic) et de Piquet, avec le médiateur* ; imprimée à Manille chez Pierre Espadrille, rue des Matadors, à la Bonne-Foy, en 1742.[2]

30° Trois exemplaires d'une brochure qui a pour titre : *Règles du nouveau jeu de la Comète*, imprimée à Paris, au Palais, en 1750.[3]

31° Deux exemplaires d'une brochure intitulée : *La Noblesse commerçante*, imprimée à Londres et se trouve à Paris, chez Duchesne libraire, en 1756.[4]

----

[1] *Curiosités de Londres et de l'Angleterre, trad. de l'Anglais.* (Bordeaux, veuve Calami, 1765 ; Paris Saugrain, 1770, in-12).

Cet ouvrage dû au géographe Lerouge a été réimprimé en 1774 sous un nouveau titre : *Abrégé de l'histoire et des curiosités de l'Angleterre* (Paris in-12).

Georges-Louis Lerouge, né en Hanovre, fut nommé géographe de Louis XV et publia divers ouvrages, notamment un *Nouvel Atlas portatif* assez estimé. (Paris, 1748-56, 2 vol. in-4°).

[2] Je ne puis dire si cet ouvrage a survécu. Il n'est mentionné par aucun bibliographe et je n'ai pu retrouver ses traces.

[3] Brochure aussi complètement ignorée que le livre précédent. Elle avait très probablement tous les titres possibles à l'oubli.

[4] *Développement et défense du système de la Noblesse commerçante* (Londres et Paris, 1756, in-12).

C'est à ce livre de l'abbé *Coyer* que répondaient l'ouvrage du chevalier d'Arc : *La Noblesse militaire*, et celui de Rochon de Chabannes : *La Noblesse oisive*, portés aux numéros 4 et 16 de la présente nomenclature.

La *Noblesse commerçante* fut réimprimée plus tard avec le nom de l'auteur.

L'abbé Gabriel-François Coyer, né à Beaume-les-Dames en 1707, mort en 1782, fut d'abord jésuite, puis précepteur d'un prince de Turenne en 1736 et aumônier général de la cavalerie en 1743. On raconte que Voltaire l'évinça de Ferney.

Il a publié divers ouvrages, notamment un *Voyage d'Italie et de Hollande* (1775, 2 vol. in-12).

32° Un exemplaire d'une brochure intitulée: *Essay sur la Marine et sur le Commerce*, imprimée en 1763, sans indication du lieu.[1]

33° Deux exemplaires d'une brochure intitulée *La Berlue*, imprimée à Londres, à l'enseigne du Lynx, en 1760.[2]

34° Un exemplaire d'une brochure intitulée: *Œuvres diverses de M. P... d. e. f. de Saint-Domingue*, imprimée à Amsterdam, chez Daniel Pesaron Ferniey, imprimeur-libraire, en l'année 1764.[3]

35° Deux exemplaires d'une brochure qui a pour titre: *Marie d'Angleterre, reine-duchesse, dédiée à Madame la marquise de Pompadour*, par Mademoiselle de Lussan; imprimée à Amsterdam, chez Jacques Desbordes, en l'année 1749.[4]

----

[1] *Essai sur la Marine et sur le Commerce* (s. l. [Paris], 1743, in-8° de 176 pp.; Amsterdam, 1743, in-12 de xx-252 pp.). La dernière édition porte sur le titre: *Par M. D****. La date de 1763 est probablement fausse.

Cet ouvrage, qui a été parfois attribué à Dutot, est d'André Deslandes, l'auteur des *Réflexions sur les grands hommes qui sont morts en plaisantant* (Amsterdam, 1714, in-12).

Deslandes (André-François Boureau), né à Pondichéry en 1690, mourut à Paris en 1757. Il fut commissaire général de la marine à Rochefort et à Brest. Ses ouvrages, inspirés des doctrines encyclopédiques, sont assez nombreux, mais généralement médiocres. Le principal est une *Histoire critique de la Philosophie* (Amsterdam, 1737, 3 vol. in-12; 1756, 4 vol. in-12). Ce livre eut quelque succès.

[2] *La Berlue* (Londres, à l'Enseigne du Lynx, 1759. petit in-12). Ouvrage badin de Louis Poinsinet de Civry, né à Versailles en 1733, mort en 1804. De ce poète élégant dont les vers ont été parfois comparés à ceux de Racine, on cite surtout une tragédie de *Briséis* (1759) qui eut un succès retentissant et des traductions très estimées d'Anacréon, Sapho, Bion, Moschus, Tirtée (1758); de l'*Histoire naturelle* de Pline et du *Théâtre* d'Aristophane (1771-84). Il eut la singulière idée de versifier une *Histoire romaine*.

Poinsinet de Civry a réuni lui-même une parti de ses poésies et de ses travaux dramatiques et historiques sous le titre de *Théâtre et Œuvres choisies* (Paris, 1762-73, in-12).

[3] Ouvrage resté inconnu à Barbier et sur lequel je n'ai pu découvrir aucun renseignement.

[4] Roman historique (in-12) sur *Marie d'Angleterre*, fille de Henri VII et troisième femme de Louis XII, roi de France, laquelle épousa en secondes noces Mylord Bordon et mourut en 1531.

36° Le premier volume en brochure de la *Vie de Madame de Maintenon*, imprimé à Nancy, chez R. Brenneau en 1753.[1]

37° Un exemplaire d'uue brochure en deux volumes, qui a pour titre : *Lettres de Madame de Maintenon*, imprimée à Nancy chez Deyllau, imprimeur du Roy, en 1754.[2]

38° Un exemplaire d'une brochure intitulée: *Mémoire de Mademoiselle de Bonneval*, imprimée à La Haye en 1738.[3]

L'auteur, Marguerite de Lussan, née à Paris en 1682, morte en 1758, était une fille naturelle de Thomas de Savoie, comte de Soissons.

Très répandue dans la société littéraire du xviii° siècle, Mademoiselle de Lussan composa avec divers collaborateurs un grand nombre d'ouvrages : contes, anecdotes de cour, mémoires secrets, annales galantes et romans historiques. Elle a traité et travesti les règnes de Childéric, Charles VIII (1741), Philippe-Auguste (1735-38), François Ier (1748), Henri II (1749), etc.

Elle était, paraît-il, affligée d'une gourmandise extrême qui lui fut fatale.

[1] Ouvrage de Laurent Angliviel de La Beaumelle, né à Valleraugue (Gard) en 1726, mort à Paris en 1773.

D'abord professeur à Copenhague, il y publia en 1751 un pamphlet curieux: *Mes Pensées, ou Qu'en dira-t-on?* (in-12) et vint la même année à Berlin où il se brouilla complètement avec Voltaire dont il resta toujours le détracteur le plus acharné. On sait combien d'épigrammes sanglantes ils échangèrent. Voltaire osa flétrir injustement son adversaire dans le hideux poème de *La Pucelle*.

Mis une première fois à la Bastille en 1753 pour ses *Notes sur le Siècle de Louis XIV* (Francfort, 3 vol. in-12), il y retourna en 1756, à la suite de la publication de lettres de Madame de Maintenon qu'on l'accusa d'avoir dérobées à Saint-Cyr.

La Beaumelle publia divers ouvrages et fut le principal rédacteur de *la Spectatrice danoise ou l'Aspasie moderne* (Copenhague, 1749-50, 3 vol. in-8). Il obtint en 1770 une place à la bibliothèque du roi et une pension dont il jouit peu.

Le tome premier de la *Vie de Madame de Maintenon* parut seul d'abord (Nancy, 1753, in-12); plus tard, l'auteur remania et compléta cet ouvrage sous un nouveau titre : *Mémoires pour servir à l'histoire de madame de Maintenon et de son siècle.* (Amsterdam [Avignon], 1755-56, 15 parties en 8 vol. in-12; Hambourg, 1756, 12 vol. petit in-12).

[2] *Lettres de madame de Maintenon* (Nancy, 1752, 1754, 2 vol. in-12).

Publication de La Beaumelle (V. la note précédente).

[3] Les *Mémoires de Mlle de Bonneval* portent : Amsterdam (Paris) 1738.

39° Un exemplaire d'une brochure qui a pour titre: *Mémoire historique sur la négociation de la France et de l'Angleterre depuis le 26 mars 1761 jusqu'au 20 septembre de la même année*, imprimée à Paris, de l'Imprimerie royale, en l'année 1761.[1]

40° Quatorze exemplaires d'une brochure qui a pour titre: *Les Propriétés admirables du Cassis*, imprimée à Bordeaux, chez Jean Chaput, en 1742.[2]

41° Deux exemplaires d'une brochure intitulée : *Lettre de M. de Trois Etoiles à M. de Trois Etoiles sur les entreprises du Conseil*, sans qu'il paraisse où cette brochure a été imprimée, ni en quelle année.[3]

42° Trois exemplaires du *Testament politique de Louis Mandrin*, imprimée à Genève, en 1755.[4]

C'est un volume in-12 dû à un avocat au Parlement de Paris : Gervaise de La Touche (Jean-Charles), né à Amiens vers 1715, mort en 1782.

On connaît du même auteur un ouvrage libidineux paru sous divers titres : *Le Portier des Chartreux, Histoire de Gauberdom, Histoire de dom B...* (s. l. n. d. [vers 1750], in-12). Ce livre, l'un des plus licencieux du xviii° siècle, a eu de nombreuses éditions françaises et étrangères.

[1] Un volume in-8° et in-12. Ouvrage assez peu connu du duc de Choiseul Stainville, avec une préface de Jean-François de Bastide, l'ami de Crébillon.

Etienne-François, duc de Choiseul, connu d'abord sous le nom de comte de Stainville, né en 1719, mort en 1785, eut une brillante fortune. Déjà lieutenant-général en 1759 et très remarqué à la cour de Louis XV, il sut gagner les faveurs de la Pompadour qui le fit nommer ambassadeur à Rome. Passé à Vienne en 1756, il devint ministre des affaires étrangères en 1758 et peu après ministre de la guerre, à la mort du maréchal de Belle-Isle. Il tomba du pouvoir en 1770, après avoir marqué son passage par de sages réformes et des mesures utiles.

Des *Mémoires* apocryphes ont été publiés sous son nom en 1790.

[2] Est-ce l'ouvrage de P. Bailly de Montaran, docteur en Sorbonne et chanoine d'Orléans, dont la deuxième édition parut sous ce titre : *Les Propriétés et les vertus du Cassis, avec des remèdes pour guérir la goutte, etc.* (Orléans, veuve Rouzeau, 1749, in-12) ?

[3] Plaquette inconnue, sur laquelle je n'ai pu rien découvrir. Elle n'est mentionnée par aucun bibliographe.

[4] *Testament politique de Louis Mandrin, généralissime des troupes de Contrebandiers, écrit par lui-même dans sa prison* (Genève, 1755, in-12 ; 7° éd., ibid., 1756, in-12).

Cette banalité, que Barbier attribue au chevalier Goudard, eut un grand succès. La badauderie humaine est immuable.

43° Un exemplaire des *Causes de l'événement du Portugal, ouvrage dédié à toute puissance séculière et temporelle*, imprimée en 1759.[1]

44° Un exemplaire de *La Pipe cassée*, imprimée en 1760.[2]

45° Un exemplaire du *Goût des Porcherons ou Nouveaux discours des halles et des ports*.[3]

46° Un exemplaire des *Bouquets poissards* par M. Vadé, imprimé en 1760.[4]

---

[1] Encore un écrit dont les traces m'échappent. Est-il perdu ? Il devait certainement mieux valoir que le *Testament de Mandrin* dont il n'obtint sans doute pas le succès.

[2] *La Pipe cassée, poème* (s. l. [Paris], à la Liberté, Pierre-Bonne-Humeur, 1760, in-8o). — *La Pipe cassée. poème épi-tragi-poissardi-héroï-comique en quatre chants, suivi de la Chanson de Manon Giroux* (Paris, s. d., in-12). Autre édition : Paris, sur le Port au Bled, s. d., in-12.

Ouvrage bien connu de Jean-Joseph Vadé, né à Ham en 1720, mort à Paris en 1757.

D'abord employé des finances à Soissons en 1738, puis à Laon et à Rouen, Vadé vint ensuite à Paris. Plein de paresse et d'esprit, il se passionna pour le langage et les mœurs des halles et acquit rapidement une réputation considérable dans le genre poissard et grivois où il excella. En 1743, le duc d'Agenois, un peu folâtre, le prit à son service. Des excès de toute sorte abrégèrent ses jours.

Les œuvres de celui qu'on a surnommé le *Callot de la poésie* sont toutes dans la même note triviale. Elles ont été réunies et imprimées plusieurs fois : *Œuvres* (Paris, 1758, 4 vol. in-8°) ; *Œuvres poissardes* (Paris, 1796, grand in-4° et in-18) ; *Œuvres choisies* (Paris, 1842-49, et 1875, in-18).

[3] *Le Goûté des Porcherons, ou Nouveau Discours des Halles et des Ports* Paris, 1759, in-12).

Livre poissard de André-Charles Cailleau, imprimeur-libraire à Paris, né en 1731, mort en 1798.

Ce libraire a composé de nombreux ouvrages médiocres et des pièces de théâtre sans valeur. Il fut mauvais jusque dans le grivois et le bouffon, genre qu'il cultiva de préférence. Son meilleur travail est un *Dictionnaire bibliographique, historique et critique des livres rares* (Paris, 1790, 3 vol. in-8°). A ce dictionnaire, écrit sur des notes de Duclos, Brunet ajouta un supplément en 1802.

[4] *Bouquets poissards (Suite à Manon Giroux)* (La Grenouillère et Paris, s. d. in-12 ; La Grenouillère, 1760 et 1770, in-12).

Un des plus hardis recueils de Vadé (V. la note du n° 44).

« Et ne s'étant trouvé d'autres ouvrages en brochure que ceux cy-dessus détaillés, autrement que différentes pièces de théâtre inutiles à inventorier,[1] Nous, sur la réquisition dudit procureur syndic, avons fait ramasser les susdits ouvrages en brochure et transporter à l'hôtel de ville pour y rester déposés jusques à ce qu'il en soit autrement ordonné; et sur la même réquisition dudit procureur syndic, avons ordonné au capitaine du guet de conduire ledit Boé à l'hôtel de ville, où étant et sur la même réquisition avons procédé à son audition comme suit :

Et après que, de notre ordonnance, il a eu levé la main, à Dieu promis et juré de dire vérité, l'avons interrogé de son nom, surnom, âge, qualité et demeure ?

A répondu, moyennant son dit serment, s'appeler Jean Boé, marchand libraire et relieur de la présente ville, âgé d'environ cinquante un ans.

Interrogé s'il connoit le sieur Raymond Roche, garçon imprimeur qui passa en cette ville vers la fin du mois de septembre dernier, et s'il n'alla pas chez luy, luy proposer l'achat de certaines brochures ?

Répond qu'il ne connoit pas ledit Raymond Roche; mais qu'il y a environ un mois qu'un étranger de l'âge d'environ cinquante ans, de la taille de cinq pieds trois pouces, qui se débita pour marchand de livres, passa chez luy et luy proposa de luy vendre le *Dictionnaire pour les Commencans*, autres livres classiques et des *Heures* de différentes espèces, et non des brochures.

Interrogé si cet étranger ne luy proposa pas aussi une brochure intitulée : *l'Ombre de Louis quinze au Tribunal de Minos ?*

Répond que non.

Interrogé s'il ne connoit point cette brochure, s'il ne l'a pas chez luy et s'il ne l'a pas vendue au public et à qui?

Répond qu'il ne connoit point cet ouvrage, qu'il ne l'a jamais vu ni eu en son pouvoir et que conséquemment il n'a pu le débiter.

---

[1] Voilà une fâcheuse appréciation. La nomenclature dédaignée eut été probablement fort curieuse.

Et plus n'a été interrogé.

Exhorté de dire vérité,

Répond l'avoir dite.

Et lecture faite de l'entier procès-verbal au dit Boé, a dit ses réponses contenir vérité et y persister, et a signé avec Nous, le procureur syndic et le greffier commis, les dits jour, mois et an que dessus.

VARENNES, *Lieutenant de Maire.*

CAMBES, *Consul.* — SEMEZAR, *Procureur syndic.*—

J. BOÉ, *Libraire.* — BOISSIÉ, *Secrétaire greffier.*

Ce fait et sur la réquisition dudit procureur syndic, Nous, Lieutenant de Maire et Consul susdits, avons ordonné au capitaine du guet de faire conduire ledit Boé dans les prisons dudit hôtel de ville, pour y rester jusques à ce qu'il en soit autrement ordonné.

Fait lesdits jour, mois et an que dessus et avons signé avec le procureur syndic et le greffier commis. »

VARENNES. *Lieutenant de Maire.*

CAMBES, *Consul.*— SEMEZAR, *Procureur syndic.*—

BOISSIÉ. *Secrétaire général.*

Quelques jours après l'envoi de ce gigantesque procès-verbal aux Jurats de Bordeaux, ceux-ci écrivaient la dépêche suivante :

« *A Mess'eurs les Maire et Consuls d'Agen.*

Bordeaux, le 9 novembre 1775.

MESSIEURS,

Nous avons chargé le sieur Margeon, huissier, porteur de la présente, de traduire dans nos prisons le sieur Boé, libraire de votre ville que vous avez fait arrêter. Nous vous prions d'interposer votre autorité pour qu'il remplisse cette commission sans empêchement et sans trouble. Nous vous remercions, Messieurs, des attentions et de l'empressement avec lesquels vous avez agi en cette occasion ;

s'il s'en présente de vous être bons à quelque chose, nous nous y prêterons avec le plus grand plaisir.

Nous avons l'honneur d'être avec respet, Messieurs, vos très humbles et très obéissants serviteurs.

Les Maire, Lieutenant de Maire et jurats, gouverneurs de Bordeaux,

VALENS, *Jurat.*

Pour le secrétaire de la ville absent. »

Boé fut donc transféré dans les prisons de Bordeaux. Je ne saurais préciser la durée de sa détention préventive; mais je constate que la liquidation de cette affaire fut conduite assez lentement pour qu'en septembre 1776 le libraire dût présenter encore une requête :

« A Nosseigneurs de Parlement tenant la Chambre des Vacations.

Supplie humblement le sieur Jean Boé, relieur et marchand de livres de la ville d'Agen, disant qu'ayant eu le malheur d'être soupçonné de vendre l'écrit infâme qui renfermoit le panégyrique (*sic*) du feu Roy, les officiers municipaux de la ville d'Agen se transportèrent à raison de ce chez lui pour y faire la recherche de cet écrit et quoi qu'ils n'y eussent trouvé aucun de ses exemplaires, il fut dressé un verbal et saisirent plusieurs autres brochures et livres qui n'ont aucun rapport ni ressemblance à l'écrit infâme du feu Roy (*s'c*), qu'on a déposés au greffe de l'hôtel de ville d'Agen.

L'innocence du suppliant ayant été justifiée, la Cour, par son arrêt du mois de juin dernier, l'a mis hors de cause. A la suite de cet arrêt, le suppliant a réclamé les brochures et livres saisis; le greffier qui en est nanti s'y est refusé. Et d'autant que ce refus est injuste il plaira, Nosseigneurs, de vos Graces ordonner que le greffier ou autre détenteur des brochures et livres dont s'agit, en fera la remise au suppliant à l'exhibition de l'ordonnance qui interviendra, à peine d'y être contraint par les voyes de droit, et moyennant laquelle remise il sera valablement libéré, et ferez bien.

Martin Rucat. »

Le Parlement daigna heureusement faire droit à cette légitime demande, car on lit à la suite de l'original la mention suivante :

« Le greffier ou autre détenteur des brochures et livres dont s'agit en fera la remise au suppliant à l'exhibition de la présente ordonnance, à peine des voyes de droit, et moyennant laquelle remise il sera déchargé.

Ce 23 septembre 1776.

Boyer de. . . (*mot illisible*) »

Le 2 octobre 1776, c'est-à-dire presqu'un an après la saisie, eut lieu enfin la restitution des ouvrages, restitution bien tardive sans doute, mais qui affirme néanmoins le chemin déjà parcouru par les idées de tolérance et de liberté.

A cette occasion, le libraire Boé remit, comme décharge, au greffier de l'hôtel de ville d'Agen cette déclaration dont je respecte scrupuleusement l'orthographe ultra-fantaisiste :

« Je declare quil ma ete tout presantement remis par M. Boisslé secretaire greffer de l'hotel de ville d'Agen toutes les Brochures qui me furet sesies par Messieurs les offisiers munisipos par verval du 27 octobre 1775 donc je decharge M. Boissier.

Agen, le 2 octobre 1776.

Boé, *relieur*. »

On ne saurait mieux prouver combien étaient désormais oubliées les exhorbitantes exigences de l'édit de 1686 sur la corporation des libraires.

TABLE DES MATIÈRES.